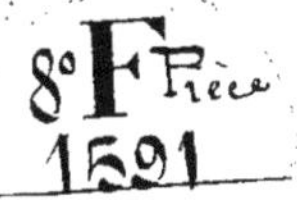
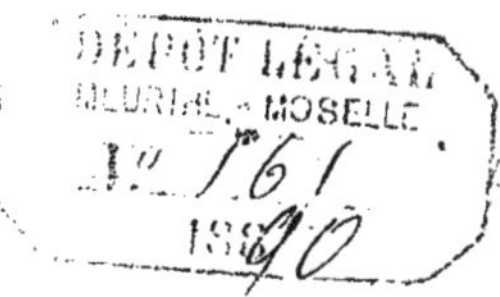

L'ARTICLE 2

DU

PROJET DE LOI

SUR LES ACCIDENTS

(Voté en première lecture par le Sénat, le 13 février 1890)

PAR

E. GOUTIÈRE-VERNOLLE

AVOCAT

NANCY

IMPRIMERIE COOPÉRATIVE DE L'EST

51, RUE SAINT-DIZIER, 51

1890

L'ARTICLE 2

DU

PROJET DE LOI

SUR LES ACCIDENTS

(Voté en première lecture par le Sénat, le 13 février 1890)

PAR

GOUTIÈRE-VERNOLLE

AVOCAT

———

NANCY

IMPRIMERIE COOPÉRATIVE DE L'EST

51, RUE SAINT-DIZIER, 51

—

1889

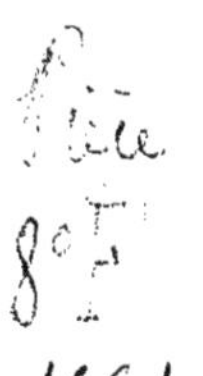

L'ARTICLE 2

DU PROJET DE

LOI SUR LES ACCIDENTS DU TRAVAIL

L'article 2 du projet de loi concernant la **responsabilité des accidents** dont les ouvriers sont victimes dans leur travail, projet adopté par le Sénat en première délibération, le 13 février 1890, est ainsi conçu :

Dans les cas prévus au paragraphe 5 de l'article premier, le chef d'entreprise doit les indemnités suivantes :

1º Pour l'incapacité partielle et temporaire de travail d'une durée de plus de trois jours, il est alloué à la victime une indemnité journalière égale à la moitié de la réduction que l'accident a fait subir au salaire quotidien moyen.

Si l'incapacité partielle de travail devient permanente, l'indemnité consiste dans une pension viagère dont le capital est calculé sur la même base.

2º Pour l'incapacité absolue et temporaire de travail, il est alloué à la victime une indemnité journalière égale à la moitié du salaire quotidien. Si l'incapacité absolue de travail devient permanente, il est alloué à la victime une pension viagère dont le capital est calculé sur la même base.

Toute indemnité journalière est due à partir du jour de l'accident et payable par quinzaine ; toute pension viagère est payable par trimestre et d'avance.

Le versement de la somme représentative de la pension doit être fait si la victime le demande en totalité ou en partie, à capital réservé.

Un tiers au plus de la somme représentative de la pension peut être immédiatement alloué à la victime, sur sa demande.

3° En cas de mort avant le réglement de l'indemnité, les personnes ci-après désignées auront droit aux deux tiers des allocations qu'aurait reçues la victime.

L'attribution d'un tiers du capital représentatif de la pension, ainsi qu'il est dit au n° 2 et de la pension viagère elle même, sera faite par le tribunal au profit des ayants-droit suivants :

1° Au conjoint non séparé ou divorcé et sans enfants ;

2° S'il y a des enfants mineurs moitié au conjoint, moitié aux enfants jusqu'à leur majorité ;

3° En totalité aux enfants, si le conjoint est prédécédé ;

4° A défaut d'enfant, moitié au conjoint, moitié aux ascendants, dont la victime était le soutien ;

5° A défaut de conjoint et d'enfants, aux ascendants dont la victime était le soutien.

Les frais funéraires seront en outre à la charge du chef de l'entreprise.

I

CONSTITUTION D'UN CAPITAL

Un alinéa de cet article 2 est d'une application impossible,
car il aboutirait à la ruine de l'industrie française ; nous allons
en examiner les effets.

Voici le texte :

Le versement de la somme représentative de la pension doit
être fait si la victime le demande en totalité ou en partie à capital
réservé.

Un tiers au plus de la somme représentative de la pension peut
être immédiatement alloué par le tribunal, à la victime, sur sa
demande.

Et d'abord, qu'est-ce que constituer une rente à capital
réservé ?

M. Beziat d'Audibert, l'actuaire dont la compétence est si
connue, a écrit le passage suivant que nous extrayons de son
rapport présenté au Congrès des accidents du ravail de 1889
(Paris) (1) :

« Il y a quelques années, le mode de garantie le plus souvent
adopté consistait en l'achat d'une rente française perpétuelle 3 %
(c'est-à-dire du fonds le moins exposé à une conversion possible)
d'une quotité égale à celle de la rente viagère fixée. Le titre devait

____

(1) Examen des mesures financières à prendre pour garantir efficacement
le service des pensions ; constitution de capitaux de réserve ou répartition
annuelle des charges, par BEZIAT D'AUDIBERT, actuaire. — *Congrès interna-
tional*, tome I, p. 480.

être immatriculé au nom du débiteur de la rente pour la nue-propriété et à celui de l'ayant droit pour l'usufruit.

C'était en réalité constituer la rente à capital réservé au profit du débiteur de l'indemnité.

Ce mode de procéder a même été étendu par les tribunaux, aux rentes dues par les compagnies d'assurances contre les accidents lorsque celles-ci se trouvaient par suite d'un contrat intervenu entre elles et le patron, substituées en tout ou en partie à la responsabilité civile de ce dernier. »

Si nous nous reportons à l'article 15 du projet de loi :

« Dans tous les cas les ordonnances du président et les jugements de condamnation détermineront les garanties nécessaires pour assurer le paiement des dites pensions. »

nous pouvons conclure à la généralisation d'une mesure chère aux tribunaux et préconisée par la loi.

Nous pouvons établir les principes suivants, qui sont trop vraisemblables pour être contestés ; il nous suffit d'ailleurs de démontrer qu'elles peuvent être les conséquences du projet de loi :

1º La constitution du capital de la rente étant obligatoire, sur la seule demande de la victime, toutes les victimes le demanderont, et si quelques-unes ne le demandent pas, par hasard, le tribunal a le devoir de déterminer la garantie de la rente. (Art. 15.)

2º Les tribunaux ayant à déterminer « le versement de la somme représentative de la pension, à capital réservé » ordonneront comme ils le faisaient déjà auparavant, l'achat d'une rente française perpétuelle 3 % d'une quotité égale à celle de la rente viagère fixée.

3º En conséquence pour connaître la charge annuelle qui va peser sur l'industrie, il suffit d'établir d'après les statistiques, le chiffre de rentes viagères que nécessiteront d'après le projet de loi, les accidents d'une année et capitaliser cette somme à 3 %.

Il faut se rappeler qu'il ne s'agit pas ici de constituer une rente viagère par le dépôt d'une somme donnée ; dans cette combinaison le capital est perdu, or, en réservant le capital la somme à verser sera bien plus considérable.

Un exemple va nous montrer dans quelle proportion.

Un ouvrier à 37 ans (âge moyen des accidents) a droit à une rente viagère de 600 fr.

A capital perdu nous calculerons ainsi: 1 franc de rente viagère à l'âge de 37 ans vaut 15 fr. 75 ; 600 fr. vaudront 600 fois plus, soit: 9.450 fr.

A capital réservé à 3 %, on devra autant de fois 100 fr. qu'il y aura de 3 fr. dans le chiffre de la rente, c'est-à-dire: 600 : 3 = 200 × 100 = 20.000 fr. On dira peut-être que suivant le cours actuel de la rente 3 %, ce calcul est inexact, attendu que pour 90 fr. on a aujourd'hui 3 fr. de rente ; mais nous avons négligé le cours, qui est une chose variable, et qui forcément, par suite du grand nombre d'achats résultant de la loi, atteindra rapidement au-dessus du pair.

Au surplus, la rente étant à 90 fr. il suffira pour avoir le chiffre exact à ce jour de diminuer nos totaux de 10 %.

De 9.450 à 20.000 fr. on voit immédiatement que l'écart est énorme.

Mais quand nous aurons établi la charge annuelle de l'industrie, il faudra nous demander pour combien de temps le capital sera immobilisé.

On peut évaluer cette période comme suit : M. Beziat d'Audibert, dans une étude publiée en 1888 (1), sur la responsabilité des accidents, porte à 37 l'âge moyen des ouvriers atteints d'incapacités permanentes.

A 37 ans les tables de mortalité donnent une vie moyenne de 31 ans, d'après les tables des compagnies anglaises et de 35 ans, d'après les tables des compagnies françaises.

____

(1) *De la responsabilité des accidents, dont les ouvriers sont victimes dans leur travail.* — Paris, Warnier, édit...

Cependant il est certain que cette moyenne doit être diminuée pour le cas qui nous occupe, puisque nous opérons sur des sujets déjà blessés. En diminuant cette moyenne de moitié nous obtiendrions encore une durée de 17 ans, prenons un minimum absolu et réduisons encore ces 17 ans à 15.

En ce qui concerne les cas de décès, le capital sera immobilisé pendant une durée plus longue.

L'âge moyen des veuves, d'après M. Beziat d'Audibert est de 32 ans. La moyenne de temps restant à vivre est d'après les tables françaises de 38 ans ; or, nous n'avons pas ici à réduire cette moyenne puisque les veuves ne sont pas blessées.

Il y a en outre les enfants qui touchent la moitié de la rente jusqu'à leur majorité, or, le nombre moyen des enfants, toujours d'après M. Beziat d'Audibert, est de 2 et demi et l'âge moyen de 5 ans. Il reste donc de leur chef 15 ans d'immobilisation du capital.

Si nous réduisons cette durée de 32 ans à 15 ; nous faisons une diminution évidemment plus que suffisante pour compenser dans notre évaluation, les célibataires décédés ; encore faut-il remarquer que ceux-ci eux mêmes, nécessiteront le versement d'un capital s'il existe des ascendants dont la victime était le soutien.

Donc nous pouvons hardiment poser ce 4ᵉ principe.

4° Le capital versé pour la garantie de la rente ne fera retour au débiteur de la rente que, au minimum 15 ans après la constitution de ladite rente.

Or, comme chaque année, il y aura des accidents, comme pendant 15 ans le capital versé ne fera pas retour au patron pour servir les rentes nouvelles, il faut pour évaluer la somme que la loi fera sortir des caisses de l'industrie, multiplier par 15 le chiffre d'une année. On aura alors le total à immobiliser, réparti sur quinze années.

Mais ce n'est pas tout.

Ce capital énorme reviendra-t-il au moins tout entier à ceux qui l'auront versé?

Point! L'article 2, dit en effet:

« Un tiers au plus de la somme représentative de la pension peut être immédiatement alloué par le tribunal à la victime, sur sa demande. »

Ce n'est donc que jusqu'à concurrence des 2/3 seulement que le capital « réservé » (1) sera recouvré.

De ce qui précède, nous formulons ainsi les charges de l'industrie, sous l'empire de l'article 2 du projet de loi du Sénat sur les accidents.

Capitalisation à 3 °/₀ des rentes viagères dues pour un an, multipliée par 15, restituable jusqu'à concurrence des 2/3 seulement.

---

(1) Nous n'ignorons pas qu'il existe une autre interprétation du mot « à capital réservé ». Dans ce système, la victime consentirait à ne recevoir que les intérêts simples de la somme constituée en garantie pour que cette somme soit payée à ses héritiers.

Un ouvrier — par exemple — ayant obtenu 600 fr. de rente viagère dont on aura garanti la rente par un capital de 9,540 fr. demandera à toucher seulement 365 fr. par an (intérêts simples à 4 °/₀ du dit capital, pour qu'à sa mort ces 9,540 fr., au lieu d'être perdus, soient versés à ses ayants-droit.

C'est le « capital réservé aux héritiers » tandis que nous prétendons que l'on peut traduire l'art. 2 par « capital réservé aux patrons ». C'est la pratique constante des tribunaux qui se trouve ainsi édictée en loi; pourquoi supposer que les juges ne pratiqueront pas demain, comme hier, la même façon de comprendre la garantie de la rente et le sens du mot « capital réservé ».

II

SIMPLE CALCUL

Il s'agit donc maintenant d'établir le plus exactement pos·
sible, quel sera le chiffre des rentes viagères qui, dans les
circonstances actuelles du travail, résulteront de l'application
de la loi.

Dans un travail de statistique présenté au congrès des accidents de 1889 (1), M. O^{ve} Keller, ingénieur en chef des mines,
membre du conseil supérieur de statistique, président de la
Société statistique de Paris, écrit ce qui suit :

« Le dénombrement de 1886 a fait connaître qu'en France, le
personnel de l'industrie et des transports, toutes branches réunies,
s'élève à 4.340.000 âmes ; non compris les domestiques et les employés. En admettant que les accidents mortels soient à peu près
aussi nombreux chez nous qu'en Allemagne, comme il paraît
vraisemblable, on compterait annuellement 3.472 ouvriers tués
sur cet effectif, à raison de 0.8 morts pour mille, qui est le taux
moyen des dernières années dans ce pays.
« L'agriculture qui occupe chez nous 6.484.000 personnes, don-
nerait en outre son contingent de victimes qui semble, d'après les
statistiques suisses, devoir être encore plus élevé. »

(1) Statistique des accidents du travail. (*Congrès des accidents*, tome I,
page 137.)

1º Cas de décès.

Quand nous saurons ce que coûte un cas de décès, nous n'aurons plus qu'à multiplier ce chiffre par 3.472.

L'article 2 fixe pour le cas de mort :

Les deux tiers des allocations qu'aurait reçues la victime, or la victime de l'incapacité permanente absolue aurait reçu une rente viagère égale à la moitié du salaire quotidien. (Art. 2, § 2.)

Le Sénat n'a pas arrêté le chiffre du salaire moyen de l'ouvrier, mais la Chambre dans l'article 32 de son projet, le fixe ainsi :

Elle (l'assurance) a lieu pour une année sur une liste nominative des ouvriers et employés de l'entreprise et moyennant une prime calculée sur l'ensemble des salaires moyens annuels, sans que le salaire individuel d'un assuré puisse être compté pour moins de 1.200 fr. pour les hommes et de 750 fr. pour les femmes.

En supposant autant de femmes que d'hommes dans la population ouvrière (ce qui est inexact, mais nous calculons toujours sur les bases les plus restreintes), nous obtiendrons un salaire moyen minimum de 975 fr.

En Allemagne, le salaire annuel moyen a été fixé à 927 fr. 50 (750 m.).

Un cas de décès donnera donc droit à une rente viagère des deux tiers de la moitié de 975 fr.

$$\frac{975}{2} = 487 \text{ fr. } 50, \text{ dont les } 2/3 \text{ sont : } 325 \text{ fr.}$$

Pour constituer une rente de 325 fr., il faut :

$$\frac{325}{3} \times 100 = 10.833.$$

Il faudra donc verser une somme de 10.833 × 3.472 pour constituer le capital réservé des rentes dues annuellement pour les cas de décès, c'est-à-dire 37.613.333 fr.

2° Incapacités permanentes.

a. Totales. — La statistique de 1886 donne en Allemagne, 54,7 incapacités totales permanentes pour 100.000 ouvriers.

En appliquant cette proportion à notre pays, nous trouvons pour 4.340.000 ouvriers, le chiffre de 2.373 cas d'incapacités permanentes totales.

L'incapacité de cet ordre donne droit à une rente viagère de la moitié du salaire moyen, c'est-à-dire de :

$$\frac{975}{2} \text{ ou } 487 \text{ fr. } 50.$$

Le capital à verser sera de :

$$\frac{487,50}{3} \times 100 \text{ ou } 16.250.$$

Le total des sommes à déposer sera en conséquence de :

$$16.250 \times 2.373 \text{ ou } 38.561.250 \text{ fr.}$$

b. Partielles. — Les incapacités permanentes partielles ont été en 1886, de 117 pour 100.000. Pour 4.340.000 elles doivent donc être de 5.077.

M. Beziat d'Audibert, auquel il faut toujours revenir quand il s'agit d'évaluation de cette nature, a fixé, dans son budget d'un groupe, la dépense des incapacités temporaires partielles, à une moyenne de 300 fr. de rente par incapacité.

Pour constituer 300 fr. de rente à 3 °/₀, nous devons verser, toujours d'après notre même calcul :

$$\frac{300}{3} \times 100 \text{ soit } 10.000.$$

Comme il y a 5.077 cas, d'après la statistique de 1886, notre chiffre total pour constituer le capital afférent à ces rentes, sera de :

$$5.077 \times 10.000 \text{ ou } 50.770.000.$$

Voilà nos calculs établis, aussi simplement, aussi clairement et aussi faiblement que possible.

Un petit tableau nous donnera d'un coup d'œil le coût de l'application de l'article 2, pour un an.

NATURE DES ACCIDENTS	NOMBRE.	CHIFFRE des RENTES.	CHIFFRE du CAPITAL.
Cas de décès..............	3.472	1.128.400 »	37.613.333 33
Incapacités permanentes totales...................	2.373	1.156.837 50	38.561.250 »
Incapacités permanentes partielles.................	5.077	1.523.100 »	50.770.000 »
Totaux.........	10.922	3.808.337 50	126.944.583 33

III

AUTRE CALCUL

On a pu remarquer que nous avons sans cesse pris un minimum comme base de nos opérations.

Un autre calcul va nous conduire à un chiffre plus fort encore et que cependant nous considérons comme plus exact.

Nous nous sommes servi de la statistique allemande de 1886, or à cette époque, la loi n'ayant pas encore produit tous ses effets, les résultats étaient imparfaitement connus, notamment en ce qui concerne le nombre des sinistres.

L'obligation de déclarer tous les accidents en a fait connaître un grand nombre que l'on passait autrefois sous silence, et c'est la véritable raison, ou du moins la principale, de l'augmentation dans le nombre des accidents relevée par M. Cheysson, dans la séance du Congrès des accidents, du 12 septembre dernier, augmentation qui a été jusqu'à 12 %.

Or, c'est précisément ce qui se passera en France, et on constatera bientôt que le nombre des accidents que l'on avait prévu, était de beaucoup en-dessous de la réalité.

Nous trouvons dans les rapports officiels allemands que le chiffre des rentes nées des accidents survenus en 1887 a été de 4.017.564 marks, soit, en francs : 5.021.955 pour 4.329.663 ouvriers assurés.

Nous ne voyons aucune raison pour ne pas considérer ce chiffre de rentes comme applicable à nos 4.340.000 travailleurs.

On peut objecter, il est vrai, que ces 4.340.000 travailleurs ne sont pas tous bénéficiaires de la loi actuelle, comme cela existe en Allemagne ; mais il est incontestable : d'abord que la tendance des législateurs est d'étendre à tous les ouvriers des dispositions limitées actuellement aux plus exposés ; ensuite que les catégories d'industrie qui ne tombent pas sous le coup de la loi n'offrent qu'une proportion minime d'accidents qui ne saurait modifier sérieusement l'analogie que nous acceptons entre les deux pays ; enfin que les patrons des industries qui échappent à la désignation de l'art. 1er, n'échappent pas pour cela à l'action en responsabilité que peuvent leur intenter leurs ouvriers blessés ; or, les tribunaux ne feront aucune différence entre les deux cas, en ce qui concerne l'évaluation de l'indemnité et le mode de sa garantie. Par une extension bien facile à comprendre, étant donnée la similitude des situations des victimes, l'art. 2 sera appliqué également à tous les patrons : explicitement à ceux dont l'industrie est cataloguée comme dangereuse et implicitement aux autres.

Nous n'hésitons donc pas à admettre le chiffre de 5.021.955 francs de rentes payées en Allemagne pour une année, comme représentant bien le montant des rentes qui seront dues, pour un temps égal en France.

Or, capitalisée à 3 %, cette somme donne le chiffre de 167.398,500 francs.

Nous avons vu plus haut que ce n'est pas avant 15 ans que l'on pourra rentrer dans une partie de l'argent déboursé, et que cependant il faudra chaque année avancer des sommes nouvelles pour couvrir les nouvelles rentes, il faut donc multiplier le chiffre obtenu par 15 et nous avons le droit de conclure par cette phrase :

« Les paragraphes 6 et 7 de la loi sur les accidents, votée
« en première délibération au Sénat, obligeront l'industrie
« française à déposer et à immobiliser pendant 15 ans une

« somme de **deux milliards cinq cent dix millions**
« **neuf cent soixante-dix-sept mille cinq cents**
« **francs !** (2.510.977.500 francs.) »

*
* *

Il reste encore un dernier chiffre à établir, comme conséquence de cette étude, mais nous laissons à nos législateurs le
soin d'y réfléchir:

C'est celui des faillites !

E. GOUTIÈRE-VERNOLLE.

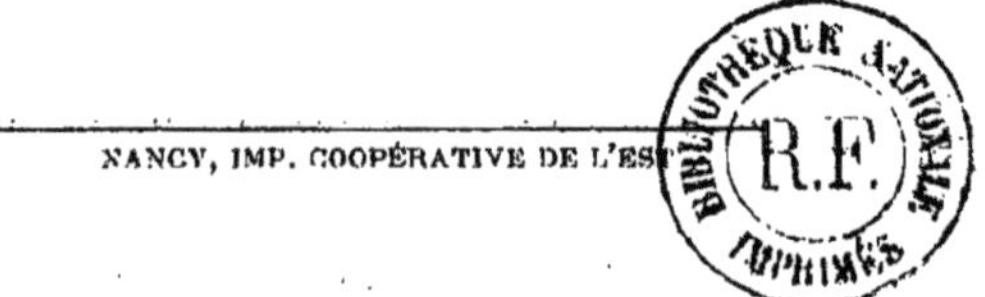

NANCY, IMP. COOPÉRATIVE DE L'EST